Zeit für Poesie
Anthologie

Zeit für Poesie
Anthologie

Edition Zaubergarten

Zur Schreibweise der Gedichte:
Jeder Autor / jede Autorin wählt selbst, wie seine / ihre
Texte geschrieben werden: ob nach den Regeln der alten
oder der neuen Rechtschreibung, ob mit oder ohne
Interpunktion.

Für die hilfreiche Beratung und Unterstützung bei der
Erstellung des Buches bedanke ich mich ganz herzlich
bei Ingrid Streicher, Birgid Krause und Hannelore Walter

Bildgestaltung Hannelore Walter und Rita Keller
Herausgeberin Rita Keller
Gelsenkirchen 2011

Herstellung und Verlag
BOOKS ON DEMAND
Norderstedt
ISBN 9 783842 358317

9 783842 358317

Preis 9,80€

Zueignung

Es haben in dem schönen Kreise
die Dichterseelen sich gefunden,
die Poesie und ihre Weise
mit ihren Liedern zu umrunden.

Ein jedes Herz will seine Worte
dem Leser gerne unterbreiten;
der mag dann durch die Dichterpforte
die Welt der Poesie beschreiten.

Knut Ismer

Friederike Amort

Poesieengel

Buchstaben
und Worte purzeln
aus des Engels Wundertüte

Sätze und Reime
schüttelt er mir aus
mit seiner Güte

Gedichte und Lieder
schenkt er mir
in bunter voller Blüte ...

fritzi

Poetenlust ...

P oesie, du wortgewandte Holde -
O den, wie Geschmeid aus Golde.
E legien mit Versen schwer und tief,
S prache, die die Musengöttin rief.
I nhaltsreich sind Gedicht und Reim,
E ntwächst und reift aus der Poeten Keim.

Poesie

Welch ein Zauber
liegt den Worten inne
welch einen Sog
hat die Magie ...

welch ein Sehnen
in den Sinnen
wenn sie Worte formen
zur Poesie ...

Musenkuß

Ich lass mich wecken
ich lass mich streicheln

ich spüre sanftes Küssen
ein stürmisches Kosen

es erwacht die Leidenschaft
die fordernde Sehnsucht

verführt mich zur Hingabe
dieser Duft der Musenrosen ...

Muse

Die Muse
lebt mit Schönheit
erster Güte
klugem Geist
und Harmonie

die Muse
spielt mit Wohlklang
leisem Takt
und stiller Weise
ihre Melodie

Pegasus

Pegasus gib Flügel
den Gedanken
nichts soll je sie hindern
weder Grenzen
noch irgendwelche Schranken

Pegasus gib Gestalt
den Worten
forme und belebe
führe und begleite sie
verstreu sie allerorten ...

Poesielust

es treibt mich
Worte zu finden
Sätze zu schmieden
oh diese Lust zu fabulieren ...

es drängt mich
Gedichte zu reimen
Verse zu bilden
Buchstaben zu modellieren ...

Faszination

Faszinierend
ist der Wortereigen
sie drehen sich im Kreise
spielen mit den Flöten
summen ihre Weise

faszinierend
ist das Musenfest
sie wiegen sich zum Tanz
dazu erklingt die Leier
sind geschmückt mit Weinlaubkranz

Poesieengel

Buchstaben
und Worte purzeln
aus des Engels Wundertüte

Sätze und Reime
schüttelt er mir aus
mit seiner Güte

Gedichte und Lieder
schenkt er mir
in bunter voller Blüte ...

Poesiequelle

Mal zaghaft und langsam
mal stürmisch und geschwind
purzeln Buchstaben und Worte
wie eine wärmende Welle
auf leeres weißes Papier
ich fasse die Quelle ...

Mal heiter und traurig
mal festlich und täglich
werden Sätze und Strophen
sie sind alle zur Stelle
füllen Seiten um Seiten
ich trinke die Quelle ...

Poesiestern ...

Ganz oben
blinkt mir
der Stern der Poesie
er gibt mir Zeichen
die voll Wunder
ich lade ihn ein
bei mir zu rasten
denn ich will nach Worten
tasten tasten tasten ...

Weit draußen
glänzt mir
der Stern der Poesie
er schickt mir Spuren
die voll Zauber
ich lade ihn mir ein
bei mir zu bleiben
denn ich will viele Worte
schreiben schreiben schreiben ...

Musengunst ...

In dürrer Zeit
oh wie
sehne ich mich doch
nach der Muse Gunst
die mir klärt und ordnet meiner
wirren Gedanken Dunst

Nach langer Nacht
oh wie
schwelge ich endlich
in der Muse Gunst
die mich führt und mir zeigt
der Dichter wahre Kunst ...

Claudia Aretz

Poetentraum

Ich träumte heut', ich wär ein Dichter,
einer der großen, ein Poet.
Dann reimte ich von früh bis spät
und meine Haare wurden lichter.
Ich wurde wach und ich bin ICH,
jetzt reim' ich wieder jämmerlich

Poesie

P apier ist nur eine leere Seite
O hne die
E rhabenen Worte eines Poeten.
S ie machen ein leeres Blatt zu einem
I ntensiven Erlebnis.
E inklang und Glückseligkeit.

Poetentraum

Ich träumte heut´, ich wär ein Dichter,
einer der großen, ein Poet.
Dann reimte ich von früh bis spät
und meine Haare wurden lichter.
Ich wurde wach und ich bin ICH,
jetzt reim´ ich wieder jämmerlich.

Poesiealbum

P hantasievolle Worte für
O ffene Ohren.
E rbauliche
S prüche in schönster Schreibschrift.
I dealismus in Wort und Bild,
E igene Gedanken und bekannte
A phorismen prägen die Seiten.
L ehrer schreiben weise Sprüche in das
Buch, geschaffen für die Ewigkeit.
U nd auch die Mitschüler
M achen sich hier unsterblich.

Hochkaräter

Der hellste Stern am Firmament,
so kräftig er noch glüht,
ist ganz in seinem Element,
solang die Nacht erblüht.

Er glänzt in seinem hellen Schein
als gäbe es kein Morgen,
macht sich nicht Sorgen um das Sein,
fühlt sich so wohl geborgen.

Nach seinem Strahlen wohl benannt,
sobald die Welt erdunkelt:
Man nennt ihn zärtlich "Diamant",
weil er so herrlich funkelt.

Sein Leuchten ist wie Poesie,
ein wahrer Sternentraum.
Er schwebt wie eine Phantasie
fernab von Zeit und Raum.

Traumklänge

Seit über Hunderten von Jahren,
uralt, doch lange nicht antik,
für das Herz den Traum bewahren
die Meister klassischer Musik.

Das Herz geht auf, man möchte singen,
mit Wärme und in Herzensgüte.
Sie trägt uns gleich auf Engelschwingen,
wie Honigtau in reinster Blüte.

Unvergessen, das Genie der Stille,
seine Werke höchste Poesie.
Fast so, als wär es Gottes Wille:
Beethovens Neunte Symphonie.

Im freien Fall

Von Sonnenstrahlen zart beflügelt,
brach ich einst auf zum Überflug,
das Ross der Sinne ungezügelt
durch das, was ich im Herzen trug.

Mit Aufwind, Thermik, sanftem Schweben,
getragen nur durch meinen Glauben,
im Jagdgalopp durch´s halbe Leben,
geerntet leider saure Trauben.

Gelandet unsanft auf dem Boden
mit schmutzverkrustet Fuß und Knie,
so enden solche Episoden -
und doch ist Fliegen Poesie.

Zärtliche Berührung

Langsam senkt sich ohne Eile
wie ein engelsgleich Gefieder
deine Hand für eine Weile
segnend auf mein Haupte nieder.

Trocken ist sie, sanft und warm,
sie berührt mich bis ins Herz.
Nimmst mich dann noch in den Arm,
linderst meinen Seelenschmerz.

Deine Liebe, Herzensgüte
ist für mich wie Poesie;
Ruhe zieht in mein Gemüte,
deine Hand, ich liebe sie.

Wolkentanz

Wütend wirbelnd,
kreisend drehend
folgt die Wolke ihrem Tanz.

Ich betrachte,
nicht verstehend,
und verlier mich dabei ganz.

Welche Macht ist da am Werke,
wer verleiht der Wolke Schwung?
Hab noch Zeit, es zu verstehen,
ich bin ja noch reichlich jung.

Voller Ehrfurcht kann ich staunen
über solche Formation.
Wind weht flüsternd, wie ein Raunen
formt er diese Schönheit schon.

Schwermutstropfen

Der Herbst hat den Schleier gehoben,
darunter ein eisiger Wind
mit schweren Tropfen von oben,
wie wärmeverwöhnt wir doch sind.

Der Winter, der kann noch was warten,
mein Mann harkt dort draußen das Laub,
verstreut auf der Wiese im Garten,
die Finger vor Kälte ganz taub.

Ich sitze am Fenster ganz leise
und gebe mich diesem Bild hin,
es prasselt auf uralte Weise
ein Feuer in meinem Kamin.

Wintermärchen

Am Morgen ruht der Garten leise,
zeigt zauberhaft sein schönes Bild.
Auf ihre ganz besondere Weise
Schneeflocken tanzen wild.

Es biegen sich die Tannenzweige
unter der kristallinen Pracht.
Der Winter geht noch nicht zur Neige,
Gott hat ein Märchenbild gemacht.

Diamanten

Die Nacht ist endlich überwunden,
der Garten leise aufgewacht.
Die Kühle in den Morgenstunden
hat Wunder hier hervorgebracht.

Es funkeln tausend Diamanten
auf manchem losen grünen Blatt,
in vielen einzelnen Quadranten,
wie Sterne, leuchtend und nicht matt.

In frühlingshafter Morgensonne
brechen sich die ersten Strahlen;
Tautropfen glänzen voller Wonne,
als würden Edelsteine prahlen.

Ernestine Gira

FÜR IMMER

Gemeinsam fahren wir
mit dem Ruderboot
über den Teich
bis zur Insel
der Liebenden
und
du befestigst das
Boot am Stamm
der Trauerweide
und
weil der Strick reißt
sind wir in dem Boot
für immer gefangen

WINTERZAUBER

Mein Blick gleitet durchs Fenster
hinaus in die eisige Nacht
und vom Himmel fallen Gespenster
in strahlender Pracht

Bizarres Funkeln sich zeigt
an Sträuchern und Bäumen
und sonniges Blau aufsteigt
bis Dunkelheit startet mit Träumen

Erst wenn der Winter sagt Ade
beginnt zu grünen die Natur
ist es vorbei mit Eis und Schnee
und es grüßt uns die grüne Flur

STILLEBEN

Eine Vase voll mit bunten Blumen
ins Bild gesetzt von einem Maler
voll sinnlich Farben und Volumen
sowie in Schönheit maximaler

Rosenblätter liegen wie verstreut
am Tisch neben dem Gefäß
und der Künstler keine Mühe scheut
Tautropfen zu malen formgemäß

Die Darstellung fast wie real
man möchte eine Blume pflücken
wurde zum künstlerischen Ideal
um das Auge zu beglücken

INS STAMMBUCH GESCHRIEBEN

Versteckt in einem Buch
sind die Erinnerungen
meiner Jugendzeit
aufbewahrt.

Zwischen den Seiten kann
ich selbst nach so langer Zeit
noch immer lyrische
Sinnsprüche darin lesen.

BLUMEN DER POESIE

Wie herrlich bunt ist das Gebinde
dein Blumenstrauß der Poesie
voll Freude ich mich wiederfinde
und mit dir teile meine Fantasie

Berührend dieses Farbenspiel
welches in launiger Manier
einmal blühend will ans Ziel
anstatt wortreich auf Papier

Auf Unschuldsweiß ich streue
mein ganzes Hoffnungsgrün
garnier' es mit dem Blau der Treue
um im Rot der Liebe zu erblüh'n

GEBET AN DIE MUSE

Ach Melete, Muse der Gedanken,
schenk' mir eine Inspiration,
lasse meinen Geist nicht wanken,
Papier und Feder warten schon.

Mein Esprit bewirkt nur Stöhnen,
wie ein erschöpfter Dilettant,
will der lyrisch' Kunst doch frönen,
um dir zu dienen wortgewandt.

ICH TRÄUME,

..... von der Sonne,
deren wärmende Strahlen
meine Gefühle harmonisch
überquellen lassen

..... von der Liebe,
deren sinnliches Verlangen
mich zärtlich umarmt,
um mich ewig zu berauschen

..... von der Poesie,
deren unzählige Metapher
mich wortgewandt
phantasieren lassen

TEEROSEN

Zu einem Strauß gebunden
kriege ich gelbe Teerosen
mit orangen Rändern
und langen Stielen

In der Vase entfalten sie
ihre wahre Schönheit
und ihren feinen Duft
den sie tagelang verströmen

Haben sie ihr Leben ausgehaucht
such' ich mir die Schönste aus
und lege sie zum Pressen
in mein dickes Lieblingsbuch

UNGEWEINTE TRÄNEN

Tränen, die nach innen reisen,
machen uns're Seele wund,
ewig lange quälend kreisen,
bringen nicht Erleichterung.

Verschließen Mund und Herz,
können Nähe nicht ertragen,
verschaffen bitt'ren Schmerz
und dulden keine Fragen.

Tränen, welche ungeweint,
verformen sich zu Stein,
der wie primitiv erscheint,
aber wertvoll ist im Sein.

DAS WORT

Wohlüberlegt und formuliert
sich das Wort hier präsentiert.
Mal ist es Phantasie, mal Fakt,
dann wird blumig es verpackt
oder wird lobend ausgedrückt,
gleich darauf mit Groll bestückt.

Wie es auch geschrieben steht,
dem Leser sicher nicht entgeht,
ist konstruiert das Wortgefüge
und dessen Aussagen eine Lüge,
dann wäre besser es geblieben,
es wäre niemals aufgeschrieben.

FRÜHLING

Blauer Himmel, Sonnenschein,
allerorts es grünt und blüht,
und Vogelstimmen obendrein
bringen Stimmung ins Gemüt.

Hell die Tage, lau die Nächte,
wie Musik rauscht leis' der Wind,
Licht vertreibt die dunklen Mächte,
neues Leben nun beginnt.

Knut Ismer

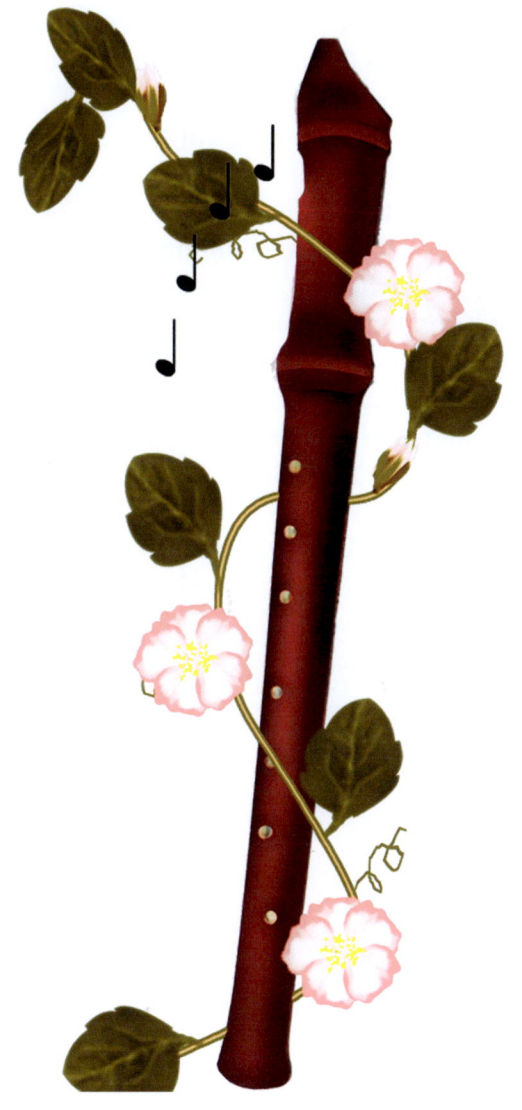

Auf eine Blüte

Schau hin auf dieser Blume schönstes Sein,
wie sie aus tiefem Grunde aufwärts strebt,
aus Wurzeln ihre Säfte zieht und lebt
und Knospen bildet wie geschliff'ner Stein.

Nun aber strahlt von oben heller Schein,
der sie aus der Natur, aufblühend, hebt,
ihr Schönheit bringt, an ihrer Zukunft webt,
daß ihre Knospen brechen, sich befrei'n.

Es geht die Blüte auf, es schweigt der Mund,
die Schönheit wird in aller Stille kund;
die Augen schauen nur dies Himmelsbild.

Unsagbar sind die Formen, sind die Farben,
ein Fühlen ist's, ein Glück nach langem Darben
und unbegreiflich, wie's die Sehnsucht stillt.

Die Ankunft der Poesie

Die Dämmerung kam aus dem Nichts geschwebt
und hüllt die sanften Weiden schweigsam ein;
es leuchtet nah des Mondes Silberschein
wie eine Brücke, ganz aus Glanz gewebt.

Ich steh dort regungslos, mein Herz erbebt,
wenn ich ihr Bild beschwöre, zart und fein,
und warte mit der Seele Glücklichsein
auf ihr Erscheinen, das mich hoch erhebt.

Der Wind hält still in meiner Sehnsuchtszeit,
der Mond nur droben wacht, mit mir bereit;
halt ein nur, Zeit, wenn sie sich mir gesellt.

Der Himmel hat den Mantel ihr gemalt
mit Mondes Schein, der leuchtend sie umstrahlt;
nun ist sie da, die Einzige der Welt.

Poesie

Es wollen Dramen uns die Welt erzählen
in Bühnensicht auf dem Proszenium
der Menschen Leben vor dem Publikum,
Modelle, die sich quälen und vermählen.

Die Epen lassen stiller es erscheinen,
was in der Welt geschieht, es wird erzählt,
Besonderes und Helden sind gewählt,
von Krieg und Tod, von Sieg und Sichvereinen.

Die Lyrik, als die dritte, kleine Schwester,
sie bringt die Zartheit, oft Idyllenbild,
das die Gefühle streichelt, Aufruhr stillt,
mit Flöten, Geigen, kleinerem Orchester.

Sie alle sind nur Teil der Poesie,
der Dichtung Trio voller Fantasie.

An die Poesie

Ich liebe dich, du zarte Poesie,
du bist mir nah, küsst mich auf meinen Mund,
bist Partnerin, Geliebte und mein Bund,
des Lebens Sein und meine Fantasie.

Du lächelst mir mit deiner Melodie,
du atmest mich, machst mich noch stets gesund,
du bist die Freude und mein Vagabund
und endlich auch der Hoffnung Liturgie.

Du bist des Tages mir Impuls und Wort,
so bilderreich, so bunt, des Zaubers Ort,
bist Zuversicht, Musik und Harmonie.

Des Nachts noch hütest du mir meinen Traum,
machst mir ein Bett im weiten Himmelsraum:
ich liebe dich, du meine Symphonie.

An die Dichtkunst

Singe mir, du Dichtkunst dieser Welt,
von den Dingen, die die Dichter laben,
von der Schönheit und den besten Gaben,
sing auf Erden unterm Himmelszelt.

Was an Klängen du bereitgestellt,
laß mich teil an ihren Tönen haben
wie an klaren Stimmen junger Knaben,
breite mir den Zauber, unverstellt.

Laß die Dramen aus der Weltgeschichte
und der Kriege grausamen Gesichte,
singe mir von Inseln fern im Licht.

Daß die Hoffnung bleibt und auch das Sehnen,
das mich stärkt mit allem ewig Schönen,
singe mir dein Lied der Zuversicht.

Ein Wahres

Mit dieser ungeheuren Zärtlichkeit
zeigt sich der Himmel deinem schwachen Sein,
bestärkt dich auf dem Wege mit dem Schein
der Wesenheiten aus der Ewigkeit.

Du bist auf Erden nicht nur Mensch der Zeit,
als Opfer oft, als Seele nicht allein;
du siehst das Wasser vor dir klar und rein
und doch scheint dir der Weg zum Ziel sehr weit.

Du weißt, was Dauer hat, und rennst durchs Haus,
verwirrt, verängstigt, kennst dich oft nicht aus,
und doch spürst du, was dich begleiten will.

Dann siehst du plötzlich tief im Dunkeln Licht,
es ist dir so, als ob ein Wahres spricht,
und alles Schwere fällt, schweigt fortan still.

Ein Tag

Wenn ich nur einen Tag zu leben hätt`,
ich schrieb des Lebens Zauber aufs Papier,
das kurze Sein, das schöne Sonnentier,
mit weichen Worten wie ein Amulett.

Ich pflanzte Bäume auf das weiße Bett
mit tiefen Wurzeln, wie ein Elixier,
und säng' unendlich sie auf dem Klavier
in meiner Welt, bald ohne das Korsett.

Und Früchte flögen auf wie sanfte Flügel,
wie Vögel, Blüten ohne jeden Zügel
und trügen Sonne aus der kleinen Zeit

wie grenzenlos und blühend in das Sein,
Gefühl und Wort, dann stiller Sternenschein;
hinaus, hinaus, bis zur Unendlichkeit.

Arkadien

Des Dichters Heimat in Arkadien liegt,
in mildem Licht, wo Wunderblumen blühen
und immer neu die Zauberworte glühen,
wo Poesie den Heimgekehrten wiegt.

Dies ist der Ort, der alles Grau besiegt,
das dunkle Sein muß in die Ferne fliehen;
es bleibt zurück des Lichtes sich Vollziehen,
das sich wie Frühling in die Seele schmiegt.

Selbst in den Schlaf der tiefen, stillen Nacht
hat sie des Traumes sanftes Lied gebracht,
als Sternenkind und Silbermondenschein.

Der Morgen bringt ihm einen neuen Glanz,
der Weltenkugeln Harmonie und Tanz,
die Poesie als Dichters Seligsein.

Melodie

Erst tiefe Stille, dann ein leises Zieh'n
und eine zarte, kleine Melodie,
die aus mir kommt wie eine Rhapsodie,
voll Vorsicht noch, als wollte sie entfliehn.

Sie bleibt, sie kommt, ich höre Harmonien,
und weitet sich, hüllt mich in Poesie;
sie tönt heraus mit sanfter Energie
und leuchtet mir wie edler Turmalin.

Ein leises Wehen wandelt sich zum Lied,
die Flöten tragen es bis zum Zenit
und in den Tiefen geht ein Raunen um.

Ich fühl Musik, die durch die Seele schweift,
als wären Früchte schon für mich gereift,
und lausche ihr mit Lächeln, selig, stumm.

Kirschblüten

Ich will nicht wissen, will nur seh'n und schauen,
die Bilder fangen, Poesie und Licht,
will Schönheit trinken als des Lebens Pflicht,
aus Liebe, Nähe neues Sein erbauen.

Als schwebe ich im klaren Himmelsblauen
und tanzte heiter Schatten aufs Gesicht,
Gebärden wogen, Ankunft und Verzicht
im Tanz, geliebt und liebend im Vertrauen.

So groß, so klein sind uns're bunten Welten,
die wir durchleben, leiden und vergelten,
ich aber schaue, will nichts mehr vergessen.

Ich will die Bilder fühlen, nahes Leben,
aus dunklem Sein die lichten Blüten heben:
das wird es sein, was je ich hab besessen.

Regenbogen

Es fällt der Regen durch den Sonnenglast,
sein Bogen blüht in allen Sinnesfarben,
die je um Einlass in die Augen warben,
als wüchse nun der Poesie Palast.

Die dunklen Wolken sind mit ihrer Hast
schon fort, nun darf kein Herz mehr länger darben,
nur leichter Hauch liegt auf der Felder Garben,
hinüber blickt das Aug' als stiller Gast.

Da blüht es auf an jenem Zauberorte,
eröffnet sich dem Blick die gold'ne Pforte,
es strahlt wie Sonnenschein die Harmonie.

Ein Leuchten tönt aus allen Farbenwogen
und hüllt ein jedes Sein in seinen Bogen:
ein Kleines zwar, doch große Symphonie.

Rita Keller

Poesie

P reiset was da
O dem hat
E rhebet eure
S inne die das
I nnerste in Euch
E rquicken

Poesie

P almenhain im Süden,
O ase einer tief gehenden
E ntspannung, ich
S pür die Wohltat
I m Inneren Sein und
E rwache.

Farbspektrum

Es war der Regenbogen, der mich bannte,
der schön und stumm mit einem Herbsttag wich,
mit dem ich die Vergänglichkeit verglich,
so dass ich meine Farben neu erkannte.

Es war der Wert, der sich ins Leben brannte,
mein Seelenkleid so farbenreich bestrich,
poetisch Flammenchor umhüllte mich,
dass all mein Sein zur Dichtkunst hin sich wandte.

Ein klingend' Wort in stiller Harmonie,
mit off'nem Auge voller Sympathie,
im Farbenspiel so reich und wunderbar.

Ich lass mich gern vom Farbenklang verführen,
will auch im Alter Schmetterlinge spüren,
das ist mir Lohn und Ziel, unwandelbar.

Drangsal

In mir sprudeln Wortfontänen,
zauberhaft und göttlich fast,
wolkenweiß, als wär's von Schwänen,
in mir ruh ich, fern der Hast.

Welche Pracht in mir geborgen,
zur Poetenschmiede drängt es,
lass mich raus, wart' nicht auf Morgen,
alle trüben Fesseln sprengt es.

Oh wie heftig das Pulsieren,
wie von selbst sich Worte zeugen
und ich lass mich gern verführen,
will mich den Gefühlen beugen.

Verse, wie im Traum geboren,
sind des Dichters liebstes Kind,
sind zum Schreiben auserkoren,
fliegen fort sonst mit dem Wind.

Poesiewanderung

Ich wander' gern mit Stock und Hut
durch Wald und Feld und Flur,
der Vögel Zwitschern tut mir gut,
ich liebe die Natur.

Und mach ich Rast auf einer Bank,
wo mich die Stille nährt,
nehm ich Papier und Stift zum Dank,
die Worte sind es wert.

In mir erklingt Musik so lind,
ich muss von Schönheit schreiben,
es streichelt mich ein sanfter Wind;
hier möchte ich immer bleiben.

Die Poesie hat Zaubermacht,
sie führt ins Paradies,
wo's Herz mir singt und fröhlich lacht
im Wald und auf der Wies'.

Poetenfluss

Kristallklar springt der Bach über die Steine,
es ist, als spiele er ein lustig Spiel,
und tanzt mit spritzig' Wasser sich zum Ziel.
Er braucht zum Hüpfen weder Hand noch Beine.

So sitz ich dort und träum für mich alleine,
Gedanken reimen sich nach altem Stil,
das hab ich gern, das ist es, was ich will,
auch wenn vor Rührung ich schon leise weine.

Ich nenne diesen Bach Poetenfluss,
und wend ich mich, dann lass ich einen Gruß,
ich komm zurück, denn du erfüllst mein Sehnen.

Ich trink von dir mit herrlichem Genuss,
du machst mich frei von jeglichem Verdruss;
lass mich die kühle Frische noch erwähnen.

Poesie

Sie ist wie eine Rose hold,
mit Glanzkontur aus purem Gold,
von individuellem Wert
und Dichterfreunden sehr verehrt.

Sie scheint wie ein Rubin so rot,
phantastisch wie das Abendrot,
wohl klingt es aus des Lesers Mund,
romantisch in der Dämmerstund'.

Ist mystisch so wie grüne Jade,
geheimnisvoll sind ihre Pfade,
berührt uns in dem tiefsten Sein,
stellt sich in Reim und Lyrik ein.

Sie hebt uns hoch auf Engelsschwingen,
lässt in uns zarte Saiten klingen,
nichts ist so feenhaft wie sie,
die Poesie, ich liebe sie.

Insel der Poesie

So wattesanft auf weichem Wolkenflaum,
entschweben in ein Land der Phantasie,
wo Wortorchester spielen Harmonie,
da ist mein Seelenheim, geliebter Traum.

Die Ouvertüre spielt mir König Baum,
ein Wald- und Wiesenspiel voll Sympathie,
ummantelt mich die schönste Poesie,
geborgen in des Lebens schönstem Raum.

Wie wohl fühlt sich mein Sein an diesem Ort,
wenn's möglich wäre, möcht' ich nie mehr fort,
möcht' ich im Bann der Muse nur versinken.

Oh Seeleninsel, mein geliebter Hort,
hier lab ich mich an jedem schönen Wort,
und wie der Sterne Glanz vor Wonne blinken.

Dichterdroge

Poesie, du wunderbare,
oft auch unberechenbare,
zauberhafte Dichterdroge,
hebst uns wie die Meereswoge,
auf und nieder, wie in Trance,
schweben wir in die Balance.

Bist auch reißend wie ein Fluss,
weil ein Dichter schreiben muss,
wirkst unheilbar wie die Sucht.
Jeder, den du hast versucht,
ist dir bis aufs Blut ergeben,
jeden Tag in diesem Leben.

Wer sich jemals nennt Poet,
für den ist es eh` zu spät,
er wird nie die Fesseln sprengen,
kein Gedanke fortzurennen,
bist des Dichters Engelwelt
und nicht käuflich für viel Geld.

Tagesflucht

Oh Wolkenland der Poesie
trag mich zu schönen Träumen
die Stimmung ist mir irgendwie
gar nicht zum Überschäumen
es drückt mir so die dunst'ge Schicht
des Himmels auf's Gemüte
zwar ist es Tag doch dieses Licht
macht traurig Gott behüte
mich vor Tränen die mir rinnen
über meine Wangen
ich möcht Verse nur ersinnen
die frohem Geist entsprangen
oh Sonne komm und lach mich an
dass mir das Herze hüpft
und dass mein Geist fein denken kann
so dass das Wort der Poesie
wohlklingend mir entschlüpft

Waldsee

Wie herrlich atmet sich im dunklen Grün,
im tiefen Wald, dort wo die Tannen steh'n,
an jenem See, auf dem die Rosen blühn,
und nur wer mag, der kann auch Feen seh'n.

Wo Sonnenstrahlen Glitzerlichter sprüh'n,
wo Elfenröckchen leicht im Winde weh`n,
wo Liebe lebt, so sicher und so kühn,
fass ich den Mut, hier mag ich schwimmen geh'n.

Das klare Wasser kühlt mein Sorgenglühn,
sie ziehen fort, weil Wohlgefühl sie schmäh'n,
ich bin so frei, im Rund vom Waldesgrün,
kennst du den See? Dann kannst du mich versteh'n.

Es ist der Waldsee, Wahrheit oder Mär',
es ist Romantik, die mich bringt hierher.

Birgid Krause

Poesie

P fauen schlagen ihr Rad
O hnegleichen leuchten
E indrucksvoll die Augen ihrer
S chmuckfedern weithin
I ch bin überwältigt
E in herrliches Farbenspiel

Poesie

P hantastische Klänge lösen eine
O ffenbarung in mir aus: Eine unbekannte
E rlebniswelt tut sich vor mir auf, versetzt mich in
S taunen und verhilft mir zu neuer
I nspiration bei der Dichtkunst.
E ine einmalige Erfahrung!

Zeit für Poesie

Z uflüstern kann sie mir Vieles,
E rfassen mag ich Einiges,
I nspiration werde ich es nennen.
T alent mag es bei manch einem sein.

F antasie brauche ich zur Verwirklichung.
Ü berzeugen will ich mit schönen Worten.
R uhe benötige ich zur Verinnerlichung.

P oesie hilft mir zu leben,
O hne sie fühle ich mich leer.
E ingeengt ist mein Horizont, wenn
S ie mich nicht umfängt.
I ch brauche ihren zarten Atem.
E rst nach der Muse Kuss bin ich ganz Mensch!

Poetisch

P erfekte Dichtkunst
O bliegt den großen Namen der Literatur?
E rfolg und Ehre gebühren nur ihnen?
T räumt weiter!
I hr wisst nicht, wie tiefgründig eine unbekannte
S timme zu euch sprechen kann, wenn
C haos sich in ihrem Herzen breit macht oder
H ochstimmung und Glücksgefühl sie beflügelt

Liebkosungen

Sie schmiegt mir wohlig in die Hand ihr Köpfchen
und schnurrt, geschloss´nen Auges, vor sich hin.
Aus dessen Winkeln fließen ein paar Tröpfchen.
Ich hab´ das Trockenwischen nur im Sinn.
Auch das genießt das Tier. Ich kraul´ das Kröpfchen,
hält doch sie ihren Hals mir maunzend hin.
Die Katze zu liebkosen macht mich glücklich.
mein Stress entweicht, ich bin so froh ausdrücklich!

Textfindung

Wenn Gedanken in mir kreisen,
ist mir seltsam oft zu Mute.
Muss Worte dann in Schranken weisen,
wenn Gedanken um mich kreisen.
Wenn Satzgefüge geh´n auf Reisen,
bringt ein Text endlich das Gute.
Wenn Gedanken in mir kreisen,
so führt das Chaos oft die Knute.

Poesie

O Poesie, du wunderbare Macht,
hast oft mich schon befreit aus Seelenpein.
Nimmst in den Arm mich stets mit Acht,
flüsterst mir Worte zu ganz sacht,
verschloss´ne Türen öffnest mit Bedacht,
lässt staunen mich, geleitest mich hinein.
O Poesie, du hast mich angelacht,
hast mich befreit aus tiefer Seelenpein.

Friedensfürstin

Sie ist mir Licht in dunkler Zeit,
umfängt mich mit den Schwingen weit,
sie hüllt mich ein bei Traurigkeiten,
gibt Mut und Kraft in Dürrezeiten;

sie trocknet Tränen, die da fließen
und streut mir Blumen auf die Wiesen,
was grau ist, zaubert sie gleich bunt,
legt mir auch Worte in den Mund,

dass lächelnd ich dem Liebsten sage:
Hab´ Dank für alle Müh´ und Plage,
die du mir angedeihen lässt!
Für mich ist jeder Tag ein Fest,

wenn sie umarmt mich, leise meint,
dass wir im Tanze nun vereint
viel´ Worte zu Gedichten schmieden:
Die Poesie schenkt inn´ren Frieden!

Musenkuss

Kennst du die Muse, die kürzlich hier?
Auf Urlaub kam sie doch zu mir,
versprühte ihren herben Charme
und nahm mich trostreich in den Arm:

Ich flüstere dir was ins Ohr,
wirst seh´n, es kommt dir bayerisch vor.
Du warst ja lang nicht mehr zuhaus´,
Geschichten geh´n uns niemals aus!

Da hast du recht, du liebe Maid.
Zieh an dir schnell dein schönstes Kleid,
nimm deinen neuen Sonntagshut
und dann geht´s los! Ich hab den Mut,

was du mir zuträgst, zu berichten
in kleinen bayerischen Gedichten.
Ich tat´s. Nun ist sie wieder fort,
besucht noch einen andern Ort.

Sie sammelt Stoff, kommt dann aufs Neu´
bei mir schon wieder mal vorbei.
Das ist ganz klar, denn ohne sie
gäb´s keine Texte-Symphonie!

Carpe diem

Der Sonne Kraft lässt Trübsal ferne fliehen.
Die Welt umarmend, leuchtet hell ihr Schein,
am Himmelszelt die Wolkenbilder ziehen.
Ob dieses Phänomens: der Tag ist mein.
Gedankensplitter, die noch nicht gediehen
zur Wortgestaltung, unförmig und klein:
Jetzt finden sie den Platz im Satzgefüge.
Erleichterung spür´ ich drum zur Genüge!

Suche

O Poesie, wohin bist du gegangen?
Verzweifelt such´ ich deiner Wege Spur.
Groß ist die Sehnsucht, stille mein Verlangen,
ich brauch´ dich, Freundin! Ach, wo weilst du nur?
Vertreib den Kummer mir, nimm weg das Bangen,
damit die Seele wieder schwingt in Dur.
Komm zu mir, Liebe, küsse meine Lippe,
dein Atem ist mir Nektar, wenn ich nippe!

Gisela Schäfer

Die Helferin

Die Poesie hat mich oft aufgefangen,
als mich der Lebenssturm gebeutelt hat.
Als Unheil und Entsetzen Lieder sangen
und meine Kräfte wurden schwach und matt,

da flossen mir Gedichte in die Tasten,
ich ließ ein wenig von den Qualen los.
Zwar schwanden sie nicht, diese harten Lasten,
doch fiel mir leiser Trost in meinen Schoß.

Es sind so viele Reime da entstanden,
sie künden von der Ohnmacht und vom Leid.
Doch Starre und Verzweiflung langsam schwanden,
und Hoffnung löste ab die Bitterkeit.

Schau ich zurück auf diese Kummerzeiten,
so weiß ich, ganz verlassen war ich nie.
Ganz langsam kann sich wieder Himmel breiten,
es half mir meine Freundin Poesie.

Regenwetter

Trüb der Himmel, dicht bezogen.
Unaufhörlich fallen Tropfen,
die, aus Weiten hergeflogen,
tränend vor die Scheiben klopfen.

Kirschen an den Ästen schwellen,
tropf, tropf, tropf. Nur Grau ringsum,
keine Strahlen, die erhellen,
Bienen, Hummeln, - alles stumm.

Aber Amselmännchen singen.
Jubelnd, ihre Arienflut!
Eifrig Vogeleltern bringen,
tropf, tropf, Futter für die Brut.

Trauernd neigen Rosenblüten
ihren tropfenschweren Kopf.
Warum nur die Wasser wüten?
Pfützen spritzen, tropf, tropf, tropf.

Kinderlachen fehlt im Garten.
Rutschbahn, tropf, tropf, nass und leer.
Sonne, komm doch! Alle warten,
dass der Regen strömt nicht mehr.

Bis es trocken ist im Grase,
bis die Wolken jagt der Wind,
unser Rotwein aus dem Glase,
tropf, tropf, durch die Kehle rinnt.

Menschenstirnen Falten legen,
doch die Pflanzen haben Spaß:
„Danke, Wolken, für den Segen.
Herrlich, tropf, tropf, euer Nass!

Verschluckte Welt

Die Nebelfrau hat heute früh
ganz heimlich und, wie's scheint, mit Müh'
an Bäume sich eng angelehnt,
den langen Schleier ausgedehnt
in einem undurchsicht'gen Streifen,
als wollt' mit gier'gem Mund sie greifen
die ganze Landschaft rechts und links,
die Felder und die Wiesen rings.
Sie hat die Menschen bös' geneckt
und ihre Häuser glatt versteckt.
Den fernen Wald schickt' sie zur Ruh'
und zog den grauen Vorhang zu.
Und uns'rer Sonne – wie gemein! –
der nahm sie ihren lichten Schein
und ließ sie so, ich möchte weinen,
als Scheibe blass und farblos scheinen.
Den Himmel, sonst so strahlend blau,
den malte sie in fahlem Grau.

Ach, Nebelfrau, so geh! Verschwinde,
damit ich baldigst wiederfinde
die helle Landschaft ringsumher
und's Atmen nicht mehr fällt so schwer!
Dein feuchtes Graukleid mag ich nicht,
will wieder sehn das Sonnenlicht!

Letzte Oktobertage

Es jauchzen farbenfroh Oktoberblätter,
noch trunken von des Sommers Wärmestrahl.
Wenn's doch so bliebe, dieses Träume-Wetter!
November mag ich nicht, - so trüb und fahl.

Noch ferne ist der Segen von Frau Holle.
Ein Schweigen rings, kein munt'rer Vogelchor!
Es duftet frisch die umgepflügte Scholle,
noch recken Gräser munter sich empor.

Im Walde raschelt Laub mir unterm Fuße,
und gold'ne Flecken liegen auf dem Grund.
Mir scheint, die Sonne malt sie mir zum Gruße
und streichelt's Moos mit liebevollem Mund.

Der Farn jedoch hat sich schon aufgegeben,
entfärbt und wie ermattet liegt er da.
Im Frühjahr erst beginnt sein neues Leben.
Der Wintertod ist schon sehr früh ihm nah.

Es sind die Sommerfreuden nun vergangen.
Doch flackert Farbenschönheit prachtvoll auf.
Im Lenz beginnt es neu, hab keine Bangen,
das Auf und Nieder ist des Jahres Lauf.

Bergbach

Du rauschender Bach,
ich folge dir nach,
beobacht' dein munteres Tun.
Du strömst immer weiter,
mal schmäler, mal breiter,
und niemals verlangst du zu ruh'n.

Du siehst Baum um Baum
weißgischtig dein Schaum,
du springst über Stufen hinab,
umfließt dicke Steine,
führst mit manche kleine,
und niemals wirst müd' du und schlapp.

Mit anderer Kuss
wirst bald du zum Fluss
und weitest dich dann zu dem Strom,
wirst träge und schwer,
ergießt dich ins Meer
tief unter dem himmlischen Dom.

Mein Leben, auch du
strömst fort ohne Ruh'
und trägst mich bis hin zu dem Ort,
wo enden die Namen
und anfängt das „Amen".
Am Ende steht wieder das Wort.

Naturerleben

Geh hinaus ins Weite und vergiss die Zeit.
Spanne aus die Flügel, mach die Seele weit!

Fliege mit den Vögeln in die Luft empor,
zirpe mit den Grillen im Insektenchor!

Wieg dich mit den Halmen im Getreidefeld,
jauchze mit den Blüten in der Blumenwelt!

Räkle dich genüsslich warm im Sonnenschein,
lass des Regens Segen eine Wonne sein!

Freu dich an der Schönheit rings in der Natur!
Sieh in allem Leben Gottes Liebesspur!

Musenkuss

Göttlich' Wunder, Poesie,
eingehaucht vom Musenkuss!
Ohne den gebiert man's nie,
Wunder hoher Poesie.
Sie erwächst aus Harmonie,
ohne Druck und ohne Muss,
göttlich' Wunder, Poesie,
eingehaucht vom Musenkuss.

Die Unberechenbare

Manchmal küsst sie wild, die Muse,
dass die Verse nur so sprudeln
und mir heiß wird in der Bluse,
Wörter durcheinander trudeln
und ich, in der Reime Bann,
gar nicht so schnell schreiben kann.

Dann jedoch, an and'ren Tagen,
will die Muse weiterziehen,
mir kein einzig Wörtchen sagen,
ja, mich offensichtlich fliehen.
O, wie mich das traurig macht,
wenn mir's Lyrik-Glück nicht lacht!

Ohne meiner Muse Küsse
will mir kein Gedicht gelingen –
Stillstand, Stau statt Dicht-Ergüsse,
Leere, Schweigen und kein Klingen!
Misserfolg. Ach, welche Qual!
Hoff nun auf ein andermal!

Es war einmal

Ich hab dir meinen Blütenkranz geschenkt.
Wir hörten über uns die Vögel singen
und in uns ganze Sinfonien klingen.
Wie haben deine Küsse mich getränkt!

Schau ich zurück auf diesen Lenz, so fängt
die Kehle heftig an, nach Luft zu ringen,
und heiße Schmerzen sind's, die mich durchdringen.
Das Schicksal hat ins Abseits mich gedrängt.

Es flatterte hinweg der Federflaum,
und Steine füllten aus den leeren Raum.
Was vorher leicht und zart, ward starr und schwer.

Es zog dich fort, hab dich nie mehr gesehn.
Doch lass ich immer noch Gedanken wehn
zu dir, zu dir, - find ich dich auch nicht mehr.

Der gemeinsame Weg

„Wollt ihr mitsammen gehen", ward gefragt,
„einander durch das Leben treu geleiten -
in guten so wie auch in schlechten Zeiten?"
Wir haben beide freudig „ja" gesagt.

Voll Hoffnung haben wir den Weg gewagt.
Wir ahnten nicht, wohin er uns würd' leiten, -
dass man im Alter humpelt, statt zu schreiten,
und dass so manche Hürde vor uns ragt.

Wie gern nähm' ich wie damals deine Hände
und meisterte die Schwellen und die Wände;
der Körper aber hat die Kraft nicht mehr,

die schweren Steine aus dem Weg zu räumen.
Doch kann man immer noch gemeinsam träumen
vom Frühlingsvogelsang und Blütenmeer.

Neue Hoffnung

Ich geh hinaus und pflücke mir die Sonne
und träume von der Blumen süßem Duft.
Bringt auch die Regendusche keine Wonne,
schmeck ich doch Morgentau und klare Luft.

Ich renne in den Wind mit off'nen Armen
und fühl die Erde unter meinem Fuß.
Wie sehn ich mich nach Streicheln und der warmen
Umarmung bei des Frühlings liebem Gruß!

Ich spüre in den Adern frisches Fließen,
es ist die Tatkraft wieder aufgewacht.
Allüberall beginnt ein neues Sprießen.
Vorüber sind das Dunkel und die Nacht.

Den langen Winter will ich jetzt vergessen,
den Tag nur noch nach kleinen Freuden messen.

Ingrid Streicher

Ich möchte schreiben

Ich möchte schreiben
über Mai und Sonne,
ich möchte schreiben
über helles Licht,
über die Wärme und die Wonne;
über den Tod noch nicht.

Ich möchte schreiben
über die Freude,
ich möchte schreiben
über lachende Lust,
über das Wachsen und das Werden;
über das Leiden nicht.

Ich möchte schreiben
über den Frieden,
ich möchte schreiben
über seliges Sein.
Doch unserm Leben
ist's nicht beschieden,
nur sanft und friedvoll zu sein.

Morgentraum

In Poesie und weiße Rosen
fällt mancher lichte Morgentraum,
in zarte Flöten-, Geigenklänge;
schon schaukelt er im Blütenbaum ...

Verzauberung durch sanfte Worte
und Klänge, die das Herz umwehn -
o, wie sie streicheln und verführen
und mitten durch die Seele gehn!

O wie sie reich macht und beglückt,
die märchenhafte Poesie,
wie sie in Sphären hebt und trägt,
ins Wunderland der Phantasie ...

Und wie er endlich dann zerfließt,
der wundervolle Morgentraum,
in Tag und Treiben, Mühsal, Leid -
nur mehr sein Leuchten bleibt im Raum.

Für mich ist Poesie ...

das Rauschen der Wälder meiner Heimat,
das Gluckern des Baches im Tal
und das Singen der ersten Frühlingsamsel;

das Leuchten des Mondes durch zarte Wolken,
die Buntheit einer Sommerwiese
und der letzte Sonnenschein auf den glatten Felswänden
des geliebten Berges;

der süße Duft des kleinen Veilchens,
der verführerische meines Lieblingsparfums
und der geliebte Sommerduft Heu;

und schönste Poesie
die kleine Hand des Enkelkindes in der meinen
und des Geliebten große, warme,
die mich schützend hält.

Freundin Poesie

Poesie,
du liebste Freundin,
was wär mein Leben
ohne dich?
Du stehst mir bei,
wenn ich traurig bin,
du hältst mich,
wenn ich glaub' zu stürzen,
und wenn ich lache,
freust du dich mit mir.

Du umhüllst mich,
wenn ich friere,
glättest meine Stirn,
wenn sie von Sorgen rauh
und tanzt, wenn ich
den Frühlingswalzer singe.
Und wenn die Welt um mich
ganz grau und trüb,
dann lächelst du nur sanft ...

... und plötzlich wachsen
Blüten auf den Bäumen,
Blumen auf dem Feld,
und das Leben,
das ach, so graue Leben,
mein Leben,
beginnt wieder zu atmen.

Walther von der Vogelweide

Er saß am Stein im duftend Rosengarten
und dachte traurig an die schnöde Welt,
die hinter diesen Felsenzäunen hält
im Banne ihres Kampfes, in Erwarten.

In garstig Haß und Hader sie erstarrten,
Geschöpfe unter hohem Himmelszelt.
Es ist nicht heit're Freude, die sie schwellt,
in Neid und Mißgunst ewig sie verharrten ...

Da nahm der edle Sänger seine Leier,
begann zu spielen und zu singen, hehr,
von Minne, Auen, Gott und Liebesfeier,

von Nachtigallen und noch vielem mehr.
Solch Schönheit fühlten Menschen vorher nie;
sie hörten und erkannten Poesie.

Ein strahlend Licht

Wenn dumpf der Lebenskreis und auch dein Sein,
dein Herz erfüllt ist mit Melancholie,
in dir vernimmst ein fordernd lautes: Flieh!,
dann suchst du sehnend einen rettend Schein.

Den Schein, der Licht und Wärme dir allein
vermag zu schenken, tröstend dich wie nie:
Die Worte deiner Sprache, Poesie,
die golden glänzen wie im Glas der Wein.

In Poesie kannst du dich gleiten lassen,
in ihr kannst du dann endlich wieder träumen;
du mußt das graue Leben nicht mehr hassen,

wenn du dich wiegst in ihren selig Räumen.
Die Poesie ist wahrlich Gottesgabe,
ein strahlend Licht für dich bis hin zum Grabe!

De profundis

Ich hab das Wort noch nicht gefunden,
es windet ungeboren in der Tiefe sich;
mir sind die Lippen fest gebunden,
und meine Feder schreibt so zögerlich ...

Vielleicht ist Schweigen kostbar mir, bedeutend,
es fehlt der ernste Wille zu ihm hin;
so manche Klänge hör ich, prächtig läutend,
doch sind sie nicht zum Wort, zum Satz gediehn.

Es ist in meiner Tiefe noch verschlossen,
doch drängt's heraus ans Lebenslicht,
vom Klang zum Wort hin, unverdrossen,
bis endlich es die Schranken bricht.

Das seltene Wort

So selten find ich es
in meinen Texten,
das Wort,
das doch so leicht erscheint;
das Lächeln uns
in Herzen zaubert,
das manches Mal
auch Tränen weint ...

Warum nur
hab ich dich verloren,
du helles Wort,
du Sonnenschein?
Warum nur seh ich
fast nur Trauer,
und Kummer,
einsam und allein?

O Freude,
will dich wieder spüren,
wie einen leisen
Frühlingskuß –
o Freude, Freude,
laß mich dich berühren,
daß ich dich wieder
schreiben muß!

Sonnentag im Spätwinter

Die ersten Sonnenstrahlen streicheln meine Wangen,
ein köstliches Behagen greift nach mir.
In Frühlingshoffen bin ich neu gefangen,
wie herrlich leuchtet diese lichte Zier!

Der helle Schein auf Dächern und auf Gassen,
auf kahlen Bäumen und im Jagdrevier ...
Von dir lass' ich zu gerne mich umfassen,
du holder, schimmernder Kurier!

Kurier der Wärme, der Beglückung,
du meisterhafter Juwelier,
mit Blumen schaffst du uns Entzückung,
und Demantklängen am Klavier.

Ich kann nicht anders, es muß sein,
ich greife nach der Feder, nach Papier –
in Poesie hüll' ich mich lächelnd ein,
sie ist es! Sie weilt wieder hier.

Mignon

Befreit von Dunkelheit und Kühle
sprießt hier das Herz,
die starre Seele
erwacht und blüht,
das Auge weint.
Wie lieb ich euch,
ihr südlichen Gestade,
der Sonne nah,
dem stillen Meer,
das purpurn scheint
im Morgenlicht.
Schon sehe ich
das Schloß am Felsen,
aus Stein gewachsen,
hoch und hehr.
Siehst du es nicht?
Siehst du sie nicht,
Olivenbäume,
im lauen Winde hin und her
bewegend ihre Silberlast ...
Komm her, Geliebter.
Hier woll'n wir verweilen
und ruhen,
lange,
ohne Hast.

Sie, die Poesie

Schau -
sie schaukelt wie ein Schmetterling
durch unsere Seelen,
sie duftet wie ein erstes Veilchen
auf der Frühlingswiese
und klingt wie ein Notturno
von Chopin am Abend.
Fühlst du denn auch,
wie sie im Herzen zittert?

Hannelore Walter

Bunter Vogel Poesie

Weilst gerne in dem Lyrikgarten,
wo Vers' und Reime auf dich warten.
Du nippst ein wenig hier, naschst dort
und sammelst eifrig Wort auf Wort.

Draus bildest Sätze du und Zeilen
und lädst uns ein, hier zu verweilen.
Erzählst von Welten uns, imaginären,
und stillst in Trauer unsre Zähren.

Wir lauschen voller Wohlgefallen,
und hören Worte widerhallen
in unsren Herzen, die dir offen,
von dir die heile Welt erhoffen.

Drum, bunter Vogel, sei uns Gast,
lass uns vergessen alle Hast.

Ein neuer Tag

Ein neuer, heller Tag bricht an,
bringt uns dem Frühling näher.
So schön kann unsre Erde sein,
so schön ist sie von jeher.

Die Sonne scheint vom Himmelszelt,
auf dass ein Lenz uns werde.
Die Blümelein, sie strecken schon
die Köpfchen aus der Erde.

Galanthus, Tulipa und Co.,
sie zeugen von der Größe,
die jedes Frühjahr neu ersteht
und deckt des Winters Blöße.

Bald wird ein Blühen sein ringsum.
Die Sehnsucht ist im Herzen,
mit Summen, Brummen, Vogelsang,
den Winter auszumerzen.

Nebel

Die Welt – gehüllt in ein graues Tuch
Konturen verschwimmen
Farben verblassen
Schritte werden leise
und ersterben in der Ferne...

Die Welt – gehüllt in ein graues Tuch
Töne verstummen
Lachen erstirbt
Trauer greift Raum
Es waren Deine Schritte...

Die Welt – befreit vom grauen Tuch
Töne erklingen
Farben erstrahlen
Freude stellt sich ein
Deine Schritte kehren zurück.

Ein goldener Sommertag

Ein goldener Sommertag.
Schmetterlinge torkeln von Blüte zu Blüte,
trunken von des Sommers
verschwenderischem Blühen.

Ein leiser Windhauch regt sich,
er trägt des Sommers Kunde weiter,
trägt sie über Hügel, Felder und Wälder
dorthin, wo alle Sehnsucht endet.

Mein Frühlingslied

Es klingt ein Lied mir in der Stille,
ein Lied, das ich nur hören kann.
verschwenderisch die Notenfülle,
steigt's jubilierend himmelan.

Es klingt ein Lied mir in der Stille,
wo Wort an Wort sich schmiegen kann.
Noch schläft es in des Winters Hülle,
das Wunder, das ich spüren kann.

Es klingt ein Lied mir in der Stille,
und mächtig wird in seinem Bann
das Sehnen und der heiße Wille
nach hellem Tag und Glockenklang.

Es klingt ein Lied mir in der Stille,
so wie ein heller Frühlingsklang,
erzählt von Licht- und Farbenfülle,
von Blumen und von Vogelsang.

Es klingt ein Lied mir in der Stille,
es ist mein kleiner Frühlingssang.

Erinnerung ...

...an einen Frühling, längst vorbei,
wo Liebe an der Hand Dich hat genommen,
wo Freude in Dein Sein gekommen,
das Herz, es pochte laut und kräftig -
Gefühle wurden groß und mächtig -
es war einmal, dereinst im Mai ...

Jetzt bist Du nicht mehr ganz so jung.
Du freust Dich an erwachender Natur,
bist mit dem Leben recht zufrieden – nur
das Herz, es pocht nicht mehr so laut,
das Leben hat das Neue längst verdaut,
was bleibt, ist die Erinnerung.

Leise und sanft

... und dann war da
dieser sanfte Frühling,
der mit leisem Regen
das Grün erweckte,
mit zartem Wind
die Bäume streichelte,
in mildem Licht
die Blüten erstrahlen ließ;

der sie lehrte,
das Leben zu lieben.

Drei Rosen

Drei Rosen sind in meiner Hand.
Wie formvollendet sie doch sind,
ganz ohne Falsch und ohne Tand
steh'n aufrecht sie in Sturm und Wind.

Ein wunderschöner Duft entweicht
den Blüten, deren Freund ich bin.
Der Wohlgeruch, der mich erreicht,
betört mir Seele und auch Sinn.

Erzählt von Sommer, Sonne, Wind,
von Wolken, die nach Süden zieh'n,
von Träumen, die ganz in mir sind
und weit dem grauen Jetzt entflieh'n.

So halt ich eine Wunderwelt
in meiner Hand und freue mich,
dass unter unserm Himmelszelt
die Rose wächst, so königlich.

Die Sprache ist es, die ich liebe...

Worte, die einand die Hand sich reichen,
die sich heimlich in das Herz einschleichen,
die ganz innen unsre Seel' erreichen
und vermögen, Mauern aufzuweichen:

'wir sind das Volk...'

Worte, die in uns Gefühle wecken,
die sich ab und an auch gerne necken,
die uns alle oft gehörig schrecken
und in Lügen sich verstecken:

'ich habe ein absolut reines Gewissen...'

Worte, die wie helle Lieder klingen,
die von Lieb und Lust uns singen,
die uns große Freude bringen
und in unsrem Herzen schwingen:

'Es ist Unsinn, sagt die Vernunft ...'

Worte, die uns schöne Bilder malen,
die wie lauter kleine Sonnen strahlen,
die mit tausend bunten Farben prahlen
und im Land der Sinne widerhallen:

'Frühling lässt sein blaues Band...'

Worte, die oft unsre Trauer lindern,
die uns manchmal am Verzweifeln hindern,
die den allergrößten Schmerz uns mindern
und die Einsamkeit verhindern:

'Eine Stimme, die uns vertraut, ist verstummt...'

Gedanken

Da sind so viele Gedanken -
sie lassen sich kaum ordnen.
Sie flattern und schweben durcheinander
wie fallende Blätter im Herbstwind.

Sätze stolpern und purzeln übereinander,
zerbrechen in ihre Einzelteile,
und formieren sich schlussendlich neu.
Langsam, ganz langsam entsteht Etwas.

Aus Worten entstehen Sätze,
Sätze formen sich zu Zeilen,
Zeilen werden zu Absätzen,
Absätze vereinen sich zu einem Werk.

Da sind so viele Gedanken -
jetzt sind sie geordnet,
sind stimmig aneinandergefügt,
sind lesbar geworden.

Die Poeten

Schau an, die Damen und auch Herrn Poeten,
sie formen Worte, zerlegen und kneten
zu neuem Klang sie mit größtem Vergnügen.
Texte von Liebesfreud und vom Betrügen.

Sätze, die Unbeschreibbares beschreiben,
die Lesern lange im Gedächtnis bleiben.
Bezaubernd schöne Verse schöpft ein jeder,
lachend und weinend fließt es aus der Feder.

Die schöne Welt, so weit sie uns geblieben,
wird zum Ergötzen anderer beschrieben.
Und wird von unsrer Welt mal nichts mehr bleiben,
vermag ein Dichter wohl das Nichts beschreiben.

Autoren-Vitae

Friederike Amort
im steirischen Ennstal, in der Eisenwurzen und Gesäuse - Region geboren und lebend, Herausgeberin literarischer periodischer Zeitschriften wie FEIERABEND mit Faltblättern, mehrere Einzelbände, Gemeinschaftsbücher, Anthologien; Verfasserin von Brauchtumsspielen, Autorin der Eisenwurzenrhapsodie.

Claudia Aretz
1970 geboren, lebt mit ihrem Mann und ihrer zweijährigen Tochter im Rheinland. Die leidenschaftliche Hobbymalerin schreibt regelmäßig Gedichte und Kurzgeschichten für die Literatur-Edition Feierabend und im Internet Forum. Mitautorin mehrerer Anthologien.
Ein Einzelband *Gut gepfeffert*, heitere Gedichte aus dem Alltag.

Ernestine Gira
am 1. 4. 1956 in Lilienfeld/Niederösterreich geboren, lebt seit 1987 mit der Familie in Wien.
Drei Einzelbände (Mundart, Lyrik und Haiku-Kalender).
Veröffentlichungen in Anthologien und in Literatureditionen.
Krampusspiel (Die Hölle auf Erden) in Co-Autorenschaft mit Friederike Amort.

Knut Ismer
geboren in Eichwalde bei Berlin/Deutschland, lebt heute in Braunschweig. Schreibt seit der Jugend Lyrik und Prosa.
Veröffentlichungen in vielen Literaturzeitschriften, Anthologien, gemeinsamen Büchern und Einzelbänden im deutschsprachigen Raum, Indien und überregional (Unesco)

Rita Keller

1941 geboren in Gelsenkirchen Nordrhein Westfalen, wo sie heute noch lebt. Verheiratet, Mutter von zwei Söhnen; erwachsene Enkelkinder. Drei Einzelbände, ein Kinderbuch, ein Buch zum durchlebten Krebs, ein Buch mit Sonetten, Mitautorin in verschiedenen Anthologien und Literaturzeitschriften; Initiatorin der Internetautorengruppe.

Birgid Krause

1949 in Niederbayern geboren, 1954 an Kinderlähmung erkrankt; verheiratet, wirkte als Pädagogin in Bayern und seit 1981 als Pfarrsekretärin in Berlin. Rollstuhlfahrerin und Ruheständlerin seit 2003. Vier Einzelbände (Mundart, Lyrik, Erinnerungen, Kolumnen-Sammlung), Mitautorin bei Anthologien, Literatureditionen, Veröffentlichungen in Zeitschriften.

Gisela Schäfer

im Rheinland lebend, pensionierte Lehrerin, schreibt Kurzprosa, Glossen, Kindergeschichten und Lyrik und hält Lesungen. Veröffentlichungen: acht Bücher, eine Reihe Taschenhefte, Mitschreiberin in zahlreichen Anthologien, Wochenschriften und österreichischen Literatureditionen. Eines ihrer Gedichte erhielt von der Bibliothek deutschsprachiger Gedichte einen Preis.

Ingrid Streicher

1943 in Perg im Mühlviertel geborene, in Waidhofen an der Ybbs in Österreich lebende pensionierte Pädagogin, Autorin. Zahlreiche Einzelbände (Lyrik, Erinnerungen, Erzählungen, Kindergeschichten), Teilnahme an Anthologien; viele Lesungen.

Hannelore Walter

1944 in Niederbayern geboren, wo sie auch mit ihrem Mann wohnt, mit dem sie seit 1965 verheiratet ist. Ihr Sohn wurde 1966 geboren. Regelmäßige Veröffentlichungen in einer österreichischen Literatur Edition.

Inhaltsverzeichnis